Hans-Werner Bastian

Naturfarben selbst gemischt

Rezepte fürs Heimwerken ohne Gift

Verlag Heinz Heise

CIP-Titelaufnahme der Deutschen Bibliothek

Naturfarben selbst gemischt : Rezepte fürs Heimwerken ohne Gift / Hans-Werner Bastian. - Hannover : Heise, 1990 (creativ)

ISBN 3-88229-201-6

Printed in W. Germany   Aufl.: 5 4 3 2 1
                         Jahr: 1994 93 92 91 90

Umschlagfoto: Pavel Strnad, Köln
Umschlaggestaltung: Wolfgang Ulber, Hannover
Druck: Schröer-Druck, Seelze

ISBN 3-88229-201-6

Inhalt

Einleitung

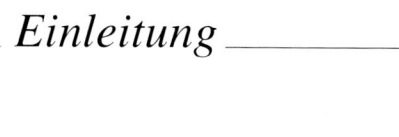

Die Heimwerkerwelle rollt und rollt. Und in der Hitliste der Do-it-yourself-Tätigkeiten stehen Reparatur, Verschönerung und Instandhaltung der häuslichen vier Wände ganz oben an. Immerhin 43% der Heimwerkerausgaben fließen in diesen Bereich.

Kein Wunder, daß sich der Verbrauch an Lacken, Farben und Lösemitteln auf viele Millionen Liter im Jahr addiert. Mehr als ein Viertel der Lösemittel, die bei uns in die Atmosphäre verdunsten, stammt nach Schätzungen aus den Farbtöpfen der Heimwerker. Und die Kohlenwasserstoffe aus Lösemitteln machen nach denen der Autoabgase den größten Anteil an der Verschmutzung unserer Luft mit diesen Schadstoffen aus.

Was aber ist mit den Giften, die nicht sofort in die Atmosphäre entweichen, die zunächst in hoher Konzentration vom Verarbeiter eingeatmet werden, sich in der Raumluft der Häuser anreichern?

Der Horrormeldungen gibt es genug. So waren bis vor wenigen Jahren Lasuren im Handel, mit denen ahnungslose Heimwerker ihre Profilholzverkleidungen oder Deckenbalken einpinselten und damit die hochgefährlichen Gifte PCB und Lindan in ihre Wohnstuben holten. Wir kennen die Berichte über ganze Familien, die erkrankten, über Häuser, die unbewohnbar wurden, über langwierige und oft wenig aussichtsreiche Schadenersatzprozesse.

Die Industrie hat zweifellos in vielen Fällen den Verbraucher in verantwortungsloser Weise zum Versuchskaninchen für Produktentwicklungen gemacht, deren Gefährlichkeit nicht abzusehen war.

Aber gingen und gehen wir nicht alle auch ziemlich unkritisch mit den Inhalten der bunten Farbtöpfe um? Ein Blick in die Regale bundesdeutscher Heimwerker und Selbermacher macht den Umweltexperten schaudern *– 1 –*.

Da reihen sich Unmengen von Dosen, Töpfen, Flaschen aneinander, deren Inhalt einen giftbefrachteten Querschnitt durch die Produktpalette unserer erfindungsreichen chemischen Industrie darstellt.

Wenn es um die Verschönerung der häuslichen Umgebung geht, wird ohne Rücksicht auf die Umwelt und die eigene Gesundheit gepinselt, gesprüht und gestrichen, was das Zeug hält.

Mit schöner Regelmäßigkeit stinken im Frühling die Jägerzäune der schmucken Vorgärten nach der unvermeidlichen Karbolineum-Behandlung. Unzählige Renovierer erfreuen sich am strahlenden Weiß der frisch übergestrichenen Zimmerwände und nehmen ein paar Tage Kopfschmerzen durch die ausdünstenden Chemiedämpfe offenbar gern in Kauf.

Die Reste der Renovierungschemie läßt man dann häufig genug eintrocknen, um sie anschließend dem Müllcontainer anzuvertrauen. Die Sondermüll-Entsorgung wird noch immer viel zu wenig in Anspruch genommen. Kein Ausweg aus diesem ökologischen Selbstmordprogramm?

—— 1 ——

Wir wollen nicht verkennen, daß in vielen Köpfen bereits ein Umdenken eingesetzt hat. So werden "umweltfreundliche" Produkte heute zum Teil mit dem sogenannten "blauen Engel" gekennzeichnet, wenn eine Jury befunden hat, daß diese Produkte umweltfreundlicher sind als vergleichbare andere Erzeugnisse. Diese Relation sagt aber noch nichts über die absolute Umweltverträglichkeit aus. Es können halt immer noch giftige Bestandteile darin sein, die in den Vergleichsprodukten ebenso enthalten sind.

Man muß sich daher die Frage stellen, ob die vermeintlichen Vorteile der synthetischen Chemie-Produkte tatsächlich unverzichtbar sind. Schließlich haben unsere Maler und Anstreicher noch bis in die 60er Jahre Farben auf Leinölbasis, mit Kalk, Kasein oder Leim hergestellt und problemlos verarbeitet.

Jahrhunderte alte Kirchenmalereien aus Kalk-Kasein-Farbe zeugen von der hohen Qualität solcher Mischungen, die denen der neuzeitlichen Chemieerzeugnisse keineswegs nachsteht. Besinnen wir uns also auf die bewährten Rezepturen, nach denen seit jeher Farben und Anstriche aus natürlichen und giftfreien Stoffen hergestellt wurden.

Man wird teilweise in Kauf nehmen müssen, daß die Beschaffung der Materialien für manche Rezepte Mühe bereitet. Der Handel ist noch nicht darauf eingestellt. Aber der wachsenden Nachfrage folgt zwangsläufig das entsprechende Angebot.

So gibt es bereits eine Reihe von Naturfarbenherstellern, die Rohstoffe und fertig gemischte Farben anbieten, die giftfrei sind und bei deren Herstellung die Unwelt nicht geschädigt wurde.

Die Anleitungen und Rezepte in diesem Buch beschränken sich auf Farben, deren Grundmaterialien problemlos zu besorgen sind und deren Verarbeitung keine besonderen Vorkenntnisse erfordert. Haben Sie einfach ein wenig Mut zum Nachahmen und Experimentieren!

Holzveredelung oder chemischer Holzschutz?

Chemischer Holzschutz

Die Produktpalette der Anstrichstoffe für Holz ist schier unerschöpflich. Bevor man sich aus diesem Angebot bedient, sollte man sich genau darüber im klaren sein, welchem Zweck das eingesetzte Produkt dienen soll. Hier herrscht leider ein Begriffswirrwarr, dem nicht nur die Heimwerker weitgehend ratlos gegenüberstehen. Auch so manchem angeblichen Fachmann, insbesondere im Handel, fehlt oftmals der Durchblick. Entsprechend kläglich bzw. irreführend fällt dann die Beratung der Kunden aus.

Beginnen wir beim Holzschutz oder, besser gesagt, beim chemischen Holzschutz. Hierunter versteht man die Behandlung des Holzes mit chemischen Giften, sogenannten Bioziden.

Gegen holzzerstörende Pilze werden Fungizide, gegen entsprechende Insekten Insektizide eingesetzt. Fungizide und Insektizide sind äußerst wirksame Gifte, die nicht nur den unerwünschten Holzschädlingen gefährlich werden.

Diese Stoffe können schon in der Produktion, insbesondere aber bei der Verarbeitung, und schließlich beim Austritt aus den behandelten Teilen den Menschen und die gesamte belebte Umwelt schädigen.

Nicht zu vergessen das Entsorgungsproblem. Selbst wenn die Gifte zunächst durch geeignete Verfahren im Holz fixiert sind und nicht austreten können, so landen die behandelten Hölzer doch irgendwann auf einer Deponie, vergammeln unbeachtet oder werden verbrannt. Die Gifte holen uns immer wieder ein.

Unsere dringende Forderung muß daher sein: chemischer Holzschutz mit Giftstoffen sollte wirklich nur da vorgenommen werden, wo er unverzichtbar ist!

Gefahren fürs Holz

Wo aber muß den Holzschädlingen denn unbedingt mit chemischen Geschützen zu Leibe gerückt werden? So simpel die Antwort ist, so wenig scheint dieser Zusammenhang vielen Beratern und Anwendern erkennbar: natürlich nur da, wo die Holzschädlinge potentiell auftreten können, wo sie geeignete Lebensverhältnisse vorfinden.

Ganz wesentlich für einen möglichen Befall ist der Feuchtigkeitsgehalt des Holzes. Schädliche Pilze wie auch Insekten brauchen mindestens 20% Holzfeuchte, um ihrem zerstörerischen Werk nachgehen zu können. Im Innern unserer zenralgeheizten Häuser weist Holz jedoch nur 6 bis allenfalls 12% Feuchte auf. Selbst im Außenbereich bleibt vor direkter Bewitterung geschütztes Holz in der Regel unter 20%.

Im Innenbereich hat chemischer Holz-schutz also absolut nichts zu suchen, und auch im Außenbereich grenzt sich der Einsatz deutlich ein. Wobei dann noch zu fragen ist, ob tatsächlich gefährdetes außen verbautes Holz auch wirklich geschützt werden muß. Ist es unter Umständen nicht besser, einen Gar-tenzaun – *2* – unbehandelt zu lassen und ihn vielleicht nach zehn oder zwanzig zu erneuern?

Es ist übrigens ganz erstaunlich, wie lange Holz den Witterungseinflüssen und den Angriffen von Schädlingen auch ohne chemische Keule standhalten kann.

Ein gutes Beispiel sind Holzhütten im Gebirge, die teilweise schon uralt sind und trotzdem kaum Verfallserschei-nungen aufweisen.

Die Oberfläche der Bretter und Balken wird mit der Zeit rauh, weil die UV-Strah-lung im Sonnenlicht das Lignin in den Zellwänden des Holzes zerstört. Es nimmt nach und nach eine silbrig-graue Farbe an. Aber dies alles beeinträchtigt in keiner Weise seine Funktion.

Bei der alten Sennhütte finden wir die Patina des Holzes sogar schön - wie romantisch! Der heimische Gartenzaun dagegen muß mit Holzschutzlasur mehr

2

als satt getränkt sein. Was sollen denn
die Leute sagen?
Es kommt natürlich auch auf die Wahl
des richtigen Holzes an. Langsam ge-
wachsenes und im Winter geschlagenes
Holz ist bedeutend widerstandsfähiger als
im Sommer "geerntetes" Fichtenholz aus
der durchrationalisierten Forstproduktion.
Manche Hölzer wie die Lärche oder die
Red Cedar aus Nordamerika haben ihren
natürlichen Holzschutz in Form von
besonderen Harzen gleich eingebaut.
Beim Kernholz der Eiche sind es die
Gerbstoffe, die Holzschädlingen den
Appetit verderben. Man kann so durch
die Wahl geeigneten Materials den
Chemieeinsatz von vornherein
überflüssig machen.

Entsorgungsprobleme

Man muß sich auch einmal ernsthaft fra-
gen, ob wir beim Einsatz von Holz im
Freien nicht etwas zuviel des Guten tun.
Das Angebot des Handels an kessel-
druckimpräniertem Holz hat in den letzten
Jahren sprunghaft zugenommen.
Bezeichnungen wie "Gartenholz" oder
"Freizeitholz" suggerieren absolute
Unbedenklichkeit dieses Materials.
Beim Verfahren der industriellen Kes-
seldruckimprägnierung werden bestimmte Salze in jede Zelle des Holzes gedrückt
und dort chemisch fixiert. Angeblich
bleibt dieser giftige Schutzwall gegen
Schädlinge dauerhaft im Holz.
So werden heute auf den kleinsten Rei-
henhausgrundstücken meterhohe Pali-
sadenwände aus kesseldruckimpräg-
niertem Holz aufgebaut. Es gibt Kinder-
spielgeräte, Beet- und Wegeeinfas-
sungen – *3* –, sogar komplette Pflaste-
rungen mit Holz.
Abgesehen davon, daß Experten nicht
ausschließen, daß die in diesem Holz
enthaltenen giftigen Schwermetalle sich

—— *3* ——————————————

teilweise doch auswaschen und im
Boden anreichern, bleibt auf jeden Fall
das Problem der irgendwann fällig
werdenden Entsorgung. In vielleicht
zwanzig oder dreißig Jahren kommt eine
riesige Lawine hochgiftigen Sondermülls
auf uns zu!
Gänzliche Vermeidung von chemischem
Holzschutz muß also das erste Ziel sein.
Läßt er sich nicht umgehen, sind die sogenannten B-Salze (aus anorganischen
Borsalzen bestehend) anderen Holz-
schutzmitteln nach Möglichkeit vorzu-
ziehen, weil sie noch am wenigsten
schädlich für die Umwelt sind.
Man kann auch mit Borax und Wasser
selbst eine einigermaßen unbedenkliche
15%ige Holzschutzlösung herstellen.
Allerdings dringt diese Lösung auch bei
heißem Auftragen nicht sehr gut ins Holz
ein. Besser sind verschiedene Mischungen aus Borax und anderen Borsalzen,
wie sie von Naturfarbenherstellern wie
auch Herstellern üblicher Holzschutz-
mittel angeboten werden.

Konstruktiver Holzschutz

Wie wir im vorangegangenen Kapitel erfahren haben, ist es die ausreichende Holzfeuchte, die Pilzen und Insekten erst die notwendige Lebensgrundlage im Holz verschafft. Chemischer Holzschutz ist also überall da überflüssig, wo das Holz trocken bleibt. In Innenräumen gilt dies ohnehin.

Doch auch außen läßt sich durch konstruktiven oder baulichen Holzschutz die leidige Chemie weitgehend vermeiden oder zumindest auf wenig giftige Mittel beschränken.

Durch Beachtung einiger baulicher Grundregeln kann man den Feuchtegehalt von Holz unter 20% halten.

1. Bauteile aus Holz sollen möglichst so angeordnet werden, daß sie der Bewitterung nicht unmittelbar ausgesetzt sind, z. B. durch große Dachüberstände.

2. Wasser muß so rasch wie möglich von den Bauteilen abgeleitet werden. Waagerechte Holzflächen, auf denen Wasser stehenbleibt, sind zu vermeiden.

3. Hirnholz- oder Kopfholzflächen sollen, wenn sie nach oben weisen, abgeschrägt oder durch Bretter oder Bleche abgedeckt werden.

4. An den Unterkanten sollen Holzkonstruktionen eine sogenannte Tropfkante aufweisen.

5. Haarfugen bei Verschalungen sind zu vermeiden, weil hier durch Kapillarwirkung das Wasser aufgesogen wird. Breite Fugen dagegen lassen das Holz schnell wieder abtrocknen.

6. Kondensierende Feuchtigkeit an der Rückseite von Verschalungen durch ausreichende Hinterlüftung abführen.

4

_____ *5* _____

7. Aufsteigende Feuchtigkeit aus Mauerwerk oder Erdreich wird durch Sperrschichten oder Metallständer verhindert.

8. Bei mehrschaligen Wandaufbauten die Dampfdiffusion beachten und gegebenenfalls nach der Taupunktberechnung eine Dampfsperre einbauen.

Speziell gegen Holzbefall durch schädliche Insekten helfen Insektenschutzgitter an den Belüftungsöffnungen hinterlüfteter Dach- und Wandflächen sowie an ständig geöffneten Dachluken.

Unsere Fotos zeigen beispielhafte Lösungen, wie Holz durch konstruktive Maßnahmen wirkungsvoll vor der Bewitterung und damit auch vor Schädlingsbefall geschützt wird.
Bei der interessanten Dachkonstruktion des Kindergartens auf Bild – *4* – schützen verzinkte Bleche die über die Dachfläche hinausragenden Sparren.
Die in – *5* – und – *6* – gezeigten Häuser demonstrieren, wie mit ausreichenden Dachüberständen und fachgerecht konstruierten Verschalungen Holz in attraktivster Weise als Baustoff eingesetzt

—— *6* ——————————————

Bleiben noch der Schutz vor Verschmutzung und vor mechanischer Abnutzung sowie nicht zuletzt die dekorative Wirkung einer geeigneten Oberflächenbehandlung. Die Schönheit natürlichen Holzes wird erst durch die richtige Veredelung zu Tage gebracht – *7 –*.

Zu den holzveredelnden Produkten gehören trocknende Holzöle (leichte Filmbildung), Holzwachse (sehr dünner Film), Dünn- und Dickschichtlasuren (leichte bis starke Filmbildung), Ölfarben (mittlere bis starke Filmbildung) und lackartige Anstriche (starke Filmbildung).

Maler und Anstreicher benutzen seit Jahren fast nur noch die synthetischen Produkte der modernen Farbenchemie. Zweifellos haben die chemischen Farben und Lacke eine Reihe echter Vorteile gegenüber den Naturfarben. Sie lassen sich zum Teil leichter verarbeiten und zeichnen sich durch hohe Belastbarkeit bei geringem Pflegebedarf aus.

Aber für diese Vorteile handelt man sich eine kaum überschaubare Menge an Nachteilen ein. Schon bei der Herstellung der synthetischen Stoffe wird die Umwelt erheblich belastet. Bei der Verarbeitung, beim Kontakt mit den behandelten Flächen und schließlich bei der Entsorgung lauern Gefahren. Wer weiß schon, was in einem Farbtopf aus dem Regal des Heimwerkermarkts alles enthalten ist.

Daneben sprechen aber auch rein ästhetische Gesichtspunkte gegen die soviel gepriesenen Kunststoffprodukte. Wer einmal mit der Hand über die Oberfläche eines mit Bienenwachsbalsam behandelten Möbelstücks gestrichen hat und seinen natürlichen Glanz bewundert hat , weiß was gemeint ist. Oder denken wir an die unvergleichlich schönen Oberflächen alter Möbel mit echter Schellackpolitur. Diesen Effekt kann kein synthetischer Lack auch nur annähernd erzielen. Ganz zu schweigen davon, daß die Hölzer unter modernen Lackversiegelungen nicht mehr atmen können und somit keinen

werden kann. Form und Funktion ergänzen sich zu augenfälliger Gestaltung bei garantierter Dauerhaftigkeit.

Holzveredelung

Auch wenn Holz in den meisten Fällen nicht zum Schutz gegen Schädlinge behandelt werden muß, wollen wir die Oberfläche doch in der Regel nicht roh belassen. Es kommen Holzveredelungsmittel zur Anwendung, die die Oberfläche pflegen und vergüten. Durch die veredelnde Behandlung wird insofern auch ein Schutz erzielt, als Feuchtigkeit und Witterungseinflüsse abgewehrt werden können.

Dies bedeutet, im Außenbereich und in Naßräumen durch einen geeigneten Anstrich die Feuchtigkeitsaufnahme des Holzes einzuschränken.

Ebenso kann ein filmbildender Anstrich die bereits erwähnte ligninzerstörende Wirkung der UV-Strahlung ausschalten und so das Holz vor Verwitterung schützen.

Beitrag zur Regulierung des Raumklimas leisten können.

Wenn in diesem Buch Rezepturen für Naturfarben vorgestellt werden, so sollen die gleichen Grundsätze gelten, die sich lobenswerterweise auch die meisten professionellen Naturfarbenhersteller zu eigen gemacht haben.

Die Rohstoffe sollen natürlichen Ursprungs sein, am besten von nachwachsenden Pflanzen stammen, und möglichst nicht chemisch behandelt sein. Bei der Herstellung der Zutaten darf die Umwelt nicht gefährdet werden. Die biologische Abbaubarkeit und die Ungiftigkeit für Mensch und Umwelt muß bei Naturfarben gesichert sein.

7

Holzveredelung mit Naturfarben

8

Leinöl und Leinölfirnis

Unter den vielen Stoffen, die zur Herstellung von Naturfarben verwendet werden können - Bild **– 8 –**, das Sie bereits vom Titel dieses Buches kennen, zeigt eine kleine Auswahl davon - ist an erster Stelle das Leinöl zu nennen. Leinöl ist die Grundlage für die meisten Naturfarben zur Holzveredelung. Es wird in Ölmühlen aus dem Samne des Flachses, dem sogenannten Leinsamen herausgepreßt. Die beste Qualität, das ist besonders helles Öl **– 9 –**, erhält man durch kaltes Pressen. Warmes Pressen erhöht die Ausbeute, das Leinöl wird dann dunkler.

Leinöl gehört zu den trocknenden Ölen. Wenn man es auf eine Holzoberfläche aufbringt, verbindet es sich mit dem Luftsauerstoff und trocknet zu einem dünnen Film auf. Allerdings dauert dieser Vorgang recht lange. Aus diesem Grund verkocht man das Leinöl unter Zugabe von Trockenstoffen zu Leinölfirnis.

Sikkative

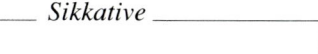

Die Trockenstoffe im Leinölfirnis, vom Fachmann Sikkative genannt, sind Metallverbindungen, die für den Trocknungsprozeß als Katalysator dienen, indem sie die Verbindung mit dem Luftsauerstoff beschleunigen.

9

_____ *10* _____

_____ *11* _____

Wir kennen vor allem Kobalt-, Mangan-, Zink- und Bleisikkative. Letztere müssen als giftige Substanz für Naturfarben abgelehnt werden.

Achten Sie beim Kauf von Leinölfirnis unbedingt darauf, daß er als nicht bleihaltig deklariert ist. Die Naturfarbenhersteller garantieren bei ihren Produkten die toxikologische Unbedenklichkeit der in Leinölfirnissen enthaltenen Sikkative.

Leinölfirnis ist ein ausgezeichnetes Mittel zur Oberflächenbehandlung von Holz, einfach zu verarbeiten, preiswert und vor allem unbedenklich.

Die hier gezeigten Kindermöbel aus massivem Fichtenholz wurden in mehreren Arbeitsgängen geschliffen und dann mit Leinölfirnis eingerieben – *10 – /– 11 –*.

Die Maserung des Holzes wird durch diese Behandlung ausdrucksvoll betont. Es bekommt einen leicht gelblichen Ton und einen warmen Glanz.

Der Untergrund soll vor der Behandlung trocken und staubfrei sein. Alte Anstriche oder Wachsaufträge müssen unbedingt restlos entfernt werden.

Damit Leinölfirnis besonders gut ins Holz eindringt, kann man ihn im Wasserbad bis etwa 80 Grad erwärmen.

Im Verhältnis 1:1 mit Balsamterpentinöl vermischt, wird Leinölfirnis zu sogenanntem Halböl (siehe Seite 20), das sich noch besser mit dem Holzuntergrund verbindet.

Öle für die Holzveredelung

Leinöl

Aus Leinsamen gepreßtes Öl, das unter Verbindung mit dem Luftsauerstoff zu einem Film auftrocknet.
Für Oberflächen mit geringer Beanspruchung und zur Grundierung als Vorbereitung der Behandlung mit weiteren Leinölprodukten oder mit Bienenwachsbalsam.
Die Trockenzeit kann bis zu mehreren Tagen betragen.

Leinölfirnis

Hergestellt aus Leinöl, das mit Trokkenstoffen (Sikkativen) verkocht wird. Leinölfirnis bildet die Grundlage für Lasuren, Lacke und Ölfarben.
Leinölfirnis ist ein hervorragendes Mittel zur Veredelung von Holzoberflächen. Er bildet einen wasserabweisenden aber dampfdurchlässigen Film, der das Holz "atmen" läßt.
Ein Anstrich mit Leinölfirnis trocknet in etwa 12 Stunden durch.

Halböl

Damit Leinölfirnis besser ins Holz eindringt, kann man ihn im Verhältnis 1:1 mit Balsamterpentinöl zu sogenanntem Halböl vermischen. Andere natürliche Lösemittel sind ebenfalls zur Verdünnung geeignet (siehe auch Seite 22-23).

Eine Grundierung mit Halböl empfiehlt sich bei fast allen Oberflächenbehandlungen mit Produkten auf Leinölbasis.
Halböl macht die Oberfläche belastbarer und weitgehend wasserabweisend.
Bei der Verarbeitung von Halböl sind die im folgenden Kapitel "Lösemittel" angesprochenen Umweltgesichtspunkte und Sicherheitsaspekte zu beachten.

Standöl

Durch Verkochen unter hohen Temperaturen eingedicktes Leinöl.
Bei diesem Prozeß verändert sich die Molekularstruktur des Leinöls.
Standöl zeichnet sich durch günstige Eigenschaften wie höheres Füllvermögen, weitgehende Wetterfestigkeit etc. aus.
Als Zusatz zu Lasuren, Lacken und Ölfarben auf der Basis von Leinölfirnis verbessert Standöl die Qualität dieser Anstriche.

Holzöl

Ein besonders schnell trocknendes Öl, das man aus den Nüssen des in China und Japan wachsenden Tungbaumes gewinnt.
Wie Standöl wird auch Holzöl den Naturfarben auf Leinölbasis zugemischt. Es verbessert deren Trocknungseigenschaften.

___ 12 _____

Leinölfirnis richtig verarbeiten

Leinölfirnis mit Pinsel oder Lappen
auftragen, bis das Holz kein Öl mehr
aufnimmt.
Bei stark saugenden Hölzern unter
Umständen mehrmals naß in naß
Arbeiten.
Zuletzt wird überschüssiges Öl mit
einem trockenen Lappen aufge
nommen – *12* –. Ansonsten entstehen klebrige und runzlige Glanz-
flecken.
Wenn man Leinölfirnis in mehreren
dünnen Schichten aufträgt, jeweils
durchtrocknen läßt und vor der neuen
Behandlung mit feinstem Sandpapier
anschleift, entsteht eine sogenannte
Ölpolitur von höchster Qualität.

Tips für Ihre Sicherheit!

Lappen, die mit Leinöl, Leinölfirnis,
Holzöl, Balsamterpentinöl sowie
den Mischungen aus diesen
Produkten getränkt sind, können
sich selbst entzünden!

Vorsichtsmaßnahmen:
Lappen nach dem Gebrauch luftdicht
in verschlossenen Blechdosen
oder Gläsern aufbewahren, im Freien
trocknen lassen oder im Freien ver-
brennen.

Lösemittel

Was sie können

Lösemittel oder Lösungsmittel sind ein ganz wesentlicher Bestandteil vieler Anstrichstoffe. Es handelt sich dabei um organische Kohlenwasserstoffe, die die Eigenschaft haben, Öle, Fette und Harze aufzulösen, ohne daß sich deren chemische Eigenschaften verändern.

Nur durch Verwendung von Lösemitteln ist es möglich, die verschiedenen Bestandteile der meisten Farben zu homogenen Flüssigkeiten zu mischen und optimal zu verarbeiten.

Gefahren für Mensch und Umwelt

Die beim Mischen von Farben geschätzten Eigenschaften der Lösemittel können für den Menschen höchst gefährlich werden, wenn er diese Stoffe in hohen Konzentrationen durch Hautkontakt, vor allem aber durch die Atmung aufnimmt.

Sie greifen dann Gehirn- und Nervenzellen an, was auf Dauer zu ernsthaften Erkrankungen führen kann.

Neben der Gefährlichkeit durch ihre gemeinsame Eigenschaft, Fette aufzulösen, sind viele Lösemittel auch hochgiftig und können Krebs auslösen.

Wie schon in der Einleitung erwähnt, sind die Lösemittel in unserer Atmosphäre darüberhinaus einer der wichtigsten Luftverschmutzer. Es sind immerhin 20% der belastenden Kohlenwasserstoffe – sie werden unter anderem für das Waldsterben mitverantwortlich gemacht – die sich aus Farben und Lacken verflüchtigen.

Natürliche Lösemittel

Auch bei der Herstellung verschiedener Naturfarben werden Lösemittel eingesetzt. Wie kann man die Verwendung dieser durchweg als gefährlich einzustufenden Stoffe rechtfertigen?

Zunächst sollte aufgrund der beschriebenen Gefahren der Einsatz von Lösemitteln nach Möglichkeit eingeschränkt werden. Dann sollten nur natürliche Lösemittel benutzt werden, wie sie in Baumharzen, Citrusschalen etc. enthalten sind.

Diese Stoffe, und das ist entscheidend, sind im natürlichen Kreislauf ohnehin enthalten. Sie werden nicht durch chemische Synthese zusätzlich gebildet und in die Umwelt abgegeben.

Eine vermeidbare zusätzliche Belastung der Umwelt ist durch die Verwendung natürlicher Lösemittel also nicht gegeben. Wie aber schaut es für den Anwender aus? Betrachten wir die natürlichen Lösemittel dazu im einzelnen.

Balsamterpentinöl wird aus natürlichem Kiefern- oder Pinienharz gewonnen. Früher wurde es für alle Ölfarben und Lacke benutzt. Es kam in Verruf, weil es je nach Ursprung teilweise einen Stoff enthielt, der Hautekzeme verursachte, die sogenannte "Malerkrätze". Heute bekommt man jedoch Balsamterpentinöl, das diesen Stoff nicht oder nur in unwirksamen Konzentrationen enthält.

Dennoch sind sparsamer Verbrauch und vorsichtiger Umgang geboten. Bei hoher Konzentration in der Raumluft können die Dämpfe von Balsamterpentinöl zu Kopfschmerzen, Atemstörungen etc. führen. Deshalb immer für eine gute Durchlüftung sorgen.

Citrusschalenöl wird aus den Schalen natürlicher Citrusfrüchte gewonnen. Die Naturfarbenhersteller setzen dieses Lösemittel sehr häufig ein. Es verbreitet einen wunderbaren Duft, wird jedoch von manchen Allergikern nicht vertragen. Obwohl die Literatur nichts über gesundheitsschädliche Wirkung der Dämpfe von Citrusterpenen berichtet, sollte auch hier – schon wegen der Feuergefährlichkeit aller Lösemittel – stets gut durchgelüftet werden.

Etanol oder *Spiritus* kennen wir als Gährungsalkohol, der aus steuerlichen Gründen zu ungenießbarem Brennspiritus vergällt wird. Das Grundmaterial von Schellack wird in Alkohol gelöst. Auch verschiedene Pflanzenfarben lassen sich zur Herstellung von Beizen mit Alkohol extrahieren (siehe die Seiten 37-40). Das Einatmen der Alkoholdämpfe gilt als unbedenklich. Dennoch sollte vorsichtshalber gut gelüftet werden.

Synthetische Lösemittel

Bei den synthetischen Lösemitteln handelt es sich meist um hochgiftige Mischungen verschiedener Stoffe.

Testbenzin, auch *Terpentinersatz* genannt, bildet in diesem Reigen noch die rühmliche Ausnahme. Es kann, je nach Zusammensetzung, allerdings auch gefährliche sogenannte aromatische Kohlenwasserstoffe enthalten. Die Naturfarbenhersteller benutzen zum Teil dem Testbenzin ähnliche Produkte, die so gut wie keine aromatischen Kohlenwasserstoffe enthalten.

Nitroverdünner sind spezielle Lösemittel für Nitrocelluloselacke. Sie müssen aufgrund ihres hohen Gehaltes an Toluol, Ethylbenzol und ähnlichen Stoffen als hochgiftig eingestuft werden.

Universalverdünner gehören mit ihren äußerst gefährlichen Bestandteilen zu den schlimmsten Giftmischungen, die in den Regalen der Heimwerker stehen.

Will man Farben und Lacke mit bestimmten Öl- und Harzbestandteilen verarbeiten, ist der Einsatz von Lösemitteln aus technischen Gründen unverzichtbar.

Im Gegensatz zu den oft mit alarmierenden Giftfrachten belasteten synthetischen Kunstharzlacken ist dabei eine mit natürlichen Lösemitteln hergestellte Farbe vergleichsweise ausgesprochen harmlos. Doch auch bei solchen Naturfarben muß gelten:

möglichst sparsamer Umgang und peinlich genaue Beachtung der Vorsichtsmaßnahmen!

Wasserlacke

Der beste Weg wäre sicherlich, Farben und Lacke ohne Lösemittel aus organischen Kohlenwasserstoffen zu mischen. Am besten mit Wasser. Solche Wasserlacke hat die Industrie tatsächlich bereits entwickelt. Acrylharze bilden dabei den Lackkörper. Sie sind als Dispersion im Wasser verteilt, ohne sich im eigentlichen Sinne zu lösen. Dennoch enthalten auch solche Acryl- oder Dispersionslacke bis zu 10% Lösemittel. Sie stellen also keineswegs die ideale Alternative dar.

Zudem sind Acryllacke auch in anderer Hinsicht als bedenklich anzusehen. Die Herstellung dieser Lacke geht zum Teil über höchst gefährliche Zwischenprodukte. Acryllacke enthalten außerdem Zusätze wie Verlaufmittel, Benetzungsmittel und Weichmacher, die erhebliche Gefahren bergen können.

Man sollte sich auch davor hüten, die "umweltfreundlichen" Wasserlacke bedenkenlos in den Abfluß zu gießen und die Pinsel im Waschbecken auszuspülen, denn sie enthalten schwer abbaubare Bestandteile und sind in der Regel mit giftigen Topfkonservierern versetzt. Diese Stoffe sollen dafür sorgen, daß sich in dem Wassergemisch keine Pilze und Bakterien vermehren.

Bienenwachsbalsam

Natürliches Bienenwachs wird seit jeher zur Veredelung schöner Holzoberflächen benutzt. Wie so viele andere bewährte Techniken auch ist die Wachsbehandlung allerdings durch die Entwicklung der synthetischen Lacke und deren unkritischer Bevorzugung weitgehend verdrängt worden.

Erst in den letzten Jahren, im Zuge der allgemeinen Rückbesinnung auf natürlichere Produkte, erlebte Bienenwachs eine wahre Renaissance.

Während man vorher allenfalls Antikwachs im Handel fand, mit dem vorzugsweise alte Eichenmöbel behandelt wurden, so bieten die Hersteller heute verschiedenste Wachsmischungen für unterschiedliche Anwendungsbereiche an.

Auch gegenüber diesen Produkten ist die übliche Vorsicht am Platze, was die Inhaltsstoffe angeht. Nur die Naturfarbenhersteller deklarieren die Zusammensetzung ihrer Mischungen generell und ohne Einschränkungen.

Gerade beim Bienenwachs ist der Heimwerker jedoch gar nicht auf fertige Produkte angewiesen, denn ein hervorragendes Bienenwachsbalsam hat er sich im Nu selbst angemischt.

Am besten besorgt man sich reines Bienenwachs bei einem Imker. Auch Apotheken können das Wachs beschaffen. Wer Bienenwaben verarbeiten will, muß diese zuerst auflösen und durch Filtern mit einem feinen Tuch Verunreinigungen herausholen.

Reines Bienenwachs läßt sich auf eine Holzoberfläche nur dann auftragen, wenn es bis zur Verflüssigung erwärmt wird. Deshalb stellt man sogenannte Bienenwachsbalsame her, indem man das geschmolzene Wachs mit Lösemitteln und Leinölfirnis vermischt. Je nach Mischungsverhältnis erhält man Wachsbalsame unterschiedlicher Konsistenz.

Ein sehr weicher, leicht aufzutragender Balsam entsteht aus gleichen Teilen Wachs und Balsamterpentinöl bzw. Citrusterpenen. Durch den Lösemittelzusatz dringt das Wachs besser ins Holz ein. Wird der Lösemittelanteil teilweise durch Leinölfirnis ersetzt, entstehen strapazierfähigere Mischungen.

Für die Wachsbehandlung eignen sich in erster Linie wenig beanspruchte Oberflächen wie Möbel, Wandverkleidungen aus Profilholz und ähnliches. Für Fußböden geeignete Mischungen müssen einen Anteil pflanzlicher Hartwachse wie zum Beispiel Carnaubawachs haben. Für den Heimwerker, der seinen Wachsbalsam selbst herstellen will, ist die Beschaffung von Carnaubawachs in der Regel ein Problem. Er wird für die Fußbodenbehandlung deshalb auf das Angebot der Naturfarbenhersteller zurückgreifen müssen.

Für selbstgebaute Möbel oder Spielzeuge aus Massivholz ist der selbstgemischte Bienenwachsbalsam jedoch hervorragend geeignet. Man kann bei der Herstellung

---

Rezepte für Bienenwachsbalsame

Reines Bienenwachs wird im Wasserbad geschmolzen und mit der gleichen Menge Balsamterpentinöl oder Citrusschalenöl vermischt.

Verringert man den Lösemittelanteil, wird das Wachs härter. Erhöht man den Anteil, kann man das Wachs so flüssig einstellen, daß es sich mit dem Pinsel auftragen läßt.

Die Zugabe von 20% Leinölfirnis erhöht die Belastbarkeit der gewachsten Oberfläche. Für besonders stark belastete Flächen (Fußböden, Treppen usw.) müssen pflanzliche Hartwachse wie Carnauba beigemischt werden.

eigentlich kaum etwas falsch machen. Es lohnt sich, ein wenig zu experimentieren, bis man seine ideale Mischung gefunden hat.

Man benutzt am besten eine saubere Konservendose, in die man das zerkleinerte Bienenwachs füllt, um es dann im Wasserbad zu erwärmen, bis es schmilzt – *13* –. Dann werden die gewünschten Anteile an Lösemitteln und Leinölfirnis zugefügt.

Bei der Verwendung offener Flammen zum Erhitzen ist der Umgang mit Lösemitteln nicht ungefährlich. Deshalb das geschmolzene Wachs von der Flamme nehmen und erst in sicherer Entfernung die gewünschte Menge Lösemittel dazugeben.

Die zu wachsende Holzoberfläche muß sauber, trocken und staubfrei sein.

Gründliches Schleifen, Wässern und erneutes Schleifen sind unerläßlich. Die Qualität der Vorarbeit bestimmt letztlich das endgültige Ergebnis der Oberflächenbehandlung.

In der Regel wird man den Bienenwachsbalsam nicht aufs rohe Holz auftragen. Die hochwertigere Oberfläche entsteht auf einer zuvor erfolgten Grundierung. Hierzu eignen sich Leinöl, Leinölfirnis oder Halböl.

Auf die grundierte Fläche wird der Bienenwachsbalsam dann fachgerecht mit einem Stoffballen aus Leinen aufgetragen und sorgfältig in die Oberfläche eingerieben – *14* –. Im Wasserbad erwärmtes Wachs läßt sich besonders leicht verarbeiten. Bei Mischungen mit geringem Lösemittelanteil sollte das Wachs auf jeden Fall etwas erwärmt werden. Nach

_____ *13* _____

_____ _14_ _____

einigen Tagen ist die Wachsschicht durchgetrocknet und wird zur Erzielung der Endpolitur ausgiebig gebürstet. Bei sorgfältiger Arbeit kann sich das Ergebnis wie bei unserem Beispiel des Puppenwagens – *16* – auf jeden Fall sehen lassen.

Nachbehandlungen abgenutzter oder stumpfer Stellen sind im Gegensatz zur Renovierung lackierter Flächen überhaupt kein Problem. Einfach nach Bedarf Wachs auftragen und wieder, wie beschrieben, durchtrocknen lassen und auspolieren. Anschließend sind keine Übergänge mehr zu sehen.

_____ 15 _____

Vorbereitung der Holzoberfläche

Wie bei allen Oberflächenbehandlungen gilt auch beim Wachsen, daß nur auf gut vorbereiteten Flächen exzellente Ergebnisse erzielt werden.

Wie bei Holzarbeiten üblich, wird in mehreren Arbeitsgängen mit immer feinerem Papier geschliffen. Zuletzt das Holz mit einem feuchten Schwamm wässern, damit die Fasern aufquellen und sich hochstellen, und noch einmal fein schleifen.

Holzstaub kann durch Einatmen zu Gesundheitsstörungen führen! Die Stäube bestimmter Hölzer, wie zum Beispiel der Eiche, sollen sogar Krebs verursachen. Deshalb eine Staubmaske tragen bzw. elektrische Schleifgeräte mit Staubabsaugung benutzen.

Vor dem Grundieren muß die Oberfläche staubfrei und trocken sein.

Grundierung mit Halböl

Leinölfirnis und Balsamterpentinöl oder Citrusschalenöl zu gleichen Teilen vermischt ergeben Halböl – 15 –. Als Grundierung für eine Behandlung mit Bienenwachsbalsam ist Halböl ideal. Es dringt gut ins Holz ein. Die Oberfläche wird belastbarer und wasserabweisender. Außerdem läßt sich Bienenwachsbalsam auf einer grundierten Fläche besser auspolieren. Soll die Oberfläche höchsten Ansprüchen genügen, kann die Grundierung nach einem Zwischenschliff mit feinstem Schleifpapier wiederholt werden.

_____ 16 _____

27

Lasuren und Lacke auf Leinölbasis

Lasuren

Wie wir bereits erfahren haben, ist Leinöl bzw. Leinölfirnis die Grundlage der meisten Naturfarben. Reiner Leinölfirnis bildet einen durchsichtigen, glänzenden Überzug mit einem leicht gelblichen Ton. Das Strukturbild des Holzes bleibt voll erhalten.

Setzt man dem Firnis Farbstoffe zu, die die Maserung des Holzes zwar nicht ganz verdecken, die ürsprüngliche Farbe jedoch stark verändern, entstehen Lasuren. Man kann Pflanzenfarbstoffe, beispiels-

weise aus Alkannawurzel oder Sandelholz, mit natürlichen Lösemitteln extrahieren (siehe dazu auch das Kapitel "Beizen", Seiten 37-40) und diese gefärbten Lösemittel dann mit Leinölfirnis zu einem gefärbten Halböl mischen. Früher wurden solche Mischungen als Schleiföle bezeichnet, weil man sie nach dem Auftragen in Faserrichtung mit feinstem Schleifpapier oder mit Bimsstein geschliffen hat. Danach wurde die Oberfläche mit Sägespänen abgerieben und gebürstet.

Die eigentlichen Lasuren entstehen jedoch, wenn man dem Leinölfirnis Farbpigmente zusetzt. Traditionell wurden vor allem die Erdfarben lichter und dunkler Ocker, Kasselerbraun, Umbra oder Terra de Siena verwendet. Grundsätzlich sind aber alle üblichen Pigmente

_____ 17 _____

28

einzusetzen – *17* –. Diese Lasuren werden je nach Saugfähigkeit des Untergrunds vollfett (ohne Lösemittel) oder mehr oder weniger abgemagert (mit Balsamterpentinöl oder Citrusschalenöl versetzt) aufgetragen.

Stark saugendes Weichholz beispielsweise wird unverdünnt lasiert. Bei wenig saugenden Harthölzern oder bereits geölten Flächen werden bis zu drei Teile Lösemittel auf zwei Teile Leinölfirnis mit Pigmenten zugesetzt. Der Pigmentanteil soll zwischen mindestens 5% und maximal 30% liegen. Die Holzstruktur darf leicht verschleiert sein, muß aber noch vollständig durchscheinen.

Zum Ansetzen der Lasuren sumpft man die Pigmente über Nacht in wenig Leinölfirnis ein und verdünnt das Ganze am nächsten Tag. Um verbleibende Klümpchen zu entfernen, empfiehlt es sich, die Lasur vor der Verarbeitung durch ein feines Tuch zu gießen.

Aufgetragen wird die Lasur mit einem breiten Pinsel. Profilbretter für Wandverkleidungen müssen vor der Montage behandelt werden – *18* –, damit die Federn der Bretter vollständig benetzt sind. Ansonsten könnten durch Nachtrocknen der Verkleidung helle, nicht von Lasur bedeckte Streifen sichtbar werden. Sind die behandelten Bretter trocken, fügt man sie zusammen – *19* –.

Die Oberflächenqualität von Leinöllasuren läßt sich durch die Zugabe von insgesamt bis zu 10% Holzöl und Standöl (siehe Seite 20) verbessern. Sie trocknen dann besser und haben ein höheres Füllvermögen.

Leinöl-Lackfarben

Von der Leinöl-Lasur zur deckenden Leinöl-Lackfarbe – *20* – ist es eigentlich nur noch ein kleiner Sprung. Der wesentliche Unterschied liegt im Pigmentanteil.

Früher hat jeder Maler seine Farben selbst angemischt. Er benutzte dazu eine sogenannte Trichtermühle. Wir behelfen uns mit dem Farbrührstab in der Bohrmaschine oder dem Quirl einer ausrangierten Küchenmaschine.

Die gebräuchlichen Pigmente haben recht unterschiedliche Eigenschaften, was sich darin bemerkbar macht, daß sie stark differierende Mengen an Leinölfirnis benötigen, bis sich alle Pigmente zu einem knotenfreien Brei mischen lassen. In alten Malerhandbüchern wird dieser unterschiedliche Ölbedarf in den "ÖLziffern" der Pigmente ausgewiesen.

Heimwerker, die sich ihre Naturfarben selbst mischen wollen, müssen sich an keine aufs Gramm genauen Rezepturen halten.

Hier öffnet sich ein hochinteressantes Feld des Experimentierens. Bis man das gewünschte Ergebnis erzielt, muß man halt ein paar Probemischungen und -anstriche durchführen. Dafür ist man auch nicht auf eine vorgegebene Farbpalette angewiesen.

Wer allerdings Ölfarben durch Zusätze von Holzöl, Standöl, Harzen und Trockenstoffen verbessern und auf besondere Einsatzbereiche abstimmen will, sollte doch die einschlägigen Maler-Handbücher konsultieren. Allerdings stehen Aufwand und Ergebnis dann kaum in einem angemessenen Verhältnis. Zumal die Naturfarbenhersteller ein breites Programm an diversen Lackfarben auf Leinölbasis anbieten, auf deren erprobte Rezepturen man vertrauen kann.

Anstriche mit Ölfarben sind gegenüber Kunstharzlacken weniger strapazierfähig und abriebfest. Dafür sind sie aber relativ elastisch, platzen also nicht so leicht ab und stellen die einzige deckende Lackierung dar, die atmungsaktiv bleibt.

Auch in der Verarbeitung zeigen Ölfarben gewisse Nachteile. Sie verlaufen nicht so gut wie Kunstharzlacke , trocknen langsamer und benötigen einen aufwendigeren Schichtaufbau. Für eine optimale Oberflächenbehandlung, die sich gut mit dem Untergrund verbindet und wasser- und schmutzabweisend wirkt, sind vier Anstriche nötig.

Nach einer je nach Untergrund "vollfetten" (= unverdünnten) bis "mageren" (= 2 Teile Farbbrei zu 3 Teilen Lösemittel) Grundierung wird zwischengeschliffen. Es folgen zwei Zwischenanstriche in "1/2-fetter" (= 1 Teil Farbbrei zu 1 Teil Lösemittel) bis "3/4-fetter" (= 3 Teile Farbbrei zu 1 Teil Lösemittel) Verdünnung, wiederum mit Zwischenschliff. Der Schlußanstrich erfolgt mit der unverdünnten Ölfarbe.

Extrem feingemahlene Teilchen bilden die Pigmente oder Farbkörper, wie man sie zur Herstellung von Leinöl-Lasuren und Leinöl-Lackfarben verwendet.

In vielen Farbenfachgeschäften kann man Pigmente in Pulverform kaufen. Auch die Naturfarbenhersteller bieten Pigmente an. Zum Teil bereits in Öl gelöst. So wird Klumpenbildung beim Anmischen vermieden.

Man unterscheidet grundsätzlich zwischen anorganischen und organischen Pigmenten. Die anorganischen sind durchweg Metallverbindungen. Dazu gehören die natürlich vorkommenden Erdfarben, meist Eisen- oder Manganverbindungen. Sie stellen wohl die ältesten Pigmente dar, die Menschen zum Malen und Herstellen von Farben benutzt haben. Benannt sind sie häufig nach ihren Fundorten: Terra di siena, Kasselerbraun etc.

Künstlich hergestellte anorganische Pigmente sind beispielsweise die ungiftigen Eisenoxide. Andere stellen Verbindungen mit Blei, Zink oder Chrom dar und sind damit mehr oder weniger giftig.

Grundrezept für Leinöl-Lasuren

Leinölfirnis wird mit einem Anteil von mindestens 5% bis maximal 30% Pigmenten verrührt.

Insgesamt bis zu 10% Holzöl und Standöl verbessern die Oberflächenqualität.

Geeignet für Holz in allen Bereichen.

Grundrezept für Leinöl-Lackfarbe

Reinem Leinölfirnis werden soviel Pigmente zugegeben, bis unter intensivem Rühren ein knotenfreier Farbbrei entsteht.

Für die verschiedenen Schichten eines deckenden Anstrichs werden bis 3 Teile Lösemittel auf 2 Teile Farbbrei zugegeben.

Wie bei den Leinöl-Lasuren verbessern 10% Holzöl und Standöl die Oberflächenqualität und das Füllvermögen.

Geeignet für Holz in allen Bereichen.

_18_

_19_

Die Naturfarbenhersteller garantieren, daß die von ihnen angebotenen Pigmente ungiftig sind.

Als Problemfall unter den ungiftigen Pigmenten gilt das Titandioxid. Es ist in allen weißen Farben enthalten und hat ein besonders hohes Lichtstreu- und Aufhellvermögen. Bei der Titandioxid-Produktion fallen bei konventionellen Verfahren große Mengen Dünnsäure an. Wir alle kennen die Probleme der "Entsorgung" von Dünnsäure durch Verklappen in der Nordsee.

Es gibt allerdings auch schon neue Herstellungsverfahren, bei denen keine Dünnsäure anfällt oder sie zumindest recycled wird.

Man sollte also nur Titandioxid verwenden, das nach diesen umweltfreundlichen Verfahren produziert worden ist.

Zuletzt sind die synthetisch hergestellten organischen Pigmente zu nennen, die zwar nicht wie Blei- oder Chromverbindungen als eindeutig giftig eingestuft werden können, von den meisten Naturfarbenherstellern aber dennoch als Chemieprodukte abgelehnt werden.

Schellack

Der Grundstoff für Schellack ist ein bräunlichrotes Ausscheidungsprodukt der indischen Schildlaus. Diese Tiere und ihre Larven nehmen die Pflanzensäfte von Feigenbaumarten auf und scheiden eine lackartige Masse aus, die geschmolzen, gereinigt und dann zu dünnen Blättern getrocknet wird. In kleine Stückchen gebrochen, kann man den Rohstoff dann als sogenannten Blätterschellack kaufen.

Der Rohschellack wird zum Herstellen einer Schellackpolitur in Alkohol gelöst. Die chemischen Eigenschaften des Lackkörpers verändern sich im gelösten Zustand nicht. Der Film auf der Holzoberfläche bildet sich, indem der Alkohol aus der Politur verdunstet und der Lackkörper zurückbleibt. Aus diesem Grund sind mit Schellack überzogene Oberflächen höchst empfindlich gegen verschütteten Alkohol. Der löst den Lack sofort an. Andererseits können Schellackflächen recht leicht aufgefrischt werden, indem man kleine Schäden mit etwas Schellackpolitur problemlos wieder auspoliert.

Eine fachgerecht aufgebaute Schellackoberfläche besticht durch ihre unnachahmliche Brillanz. Fast alle antiken Möbel aus edlen Hölzern wurden so behandelt.

Man kann eine Schellackpolitur leicht selbst herstellen, indem man Blätterschellack in Alkohol auflöst. Handelsüblicher Brennspiritus, der ja nichts anderes ist als vergällter Äthylalkohol, ist jedoch nicht geeignet, weil seine Zusätze den Lack verschleiern können. Der Fachhandel bietet jedoch spezielle Schellackverdünner an, die zwar auch vergällt sind, den Lack aber nicht beeinträchtigen.

Beim Selbstansetzen der Politur 100 g Blätterschellack in eine Flasche geben und mit 1 l Alkohol bzw. Schellackverdünner auffüllen. Diese Mischung muß einige Tage stehen und wird zwischendurch mehrfach kräftig geschüttelt. Haben sich alle Blättchen vollständig aufgelöst, kann sich je nach Reinheit des Rohschellacks ein Bodensatz bilden, den man vorsichtig abgießt.

Fertig gekaufte Schellackpolituren weisen meist geringe Wachszusätze von etwa 2% auf, die das Polieren erleichtern und die Oberfläche elastischer und wasserunempfindlicher machen.

Da Schellackpolitur sehr schnell trocknet, verläuft sie nicht wie andere Lacke und kann deshalb nicht mit dem Pinsel aufgetragen werden. Stattdessen benötigt man einen Polierballen, dessen Umhüllung aus gewaschenem Leinen und dessen Einlage aus altem Wollgewebe bestehen sollte.

Für die Behandlung feiner Holzteile wie Kehlleisten, gedrechselte Stäbe, Schnitzereien usw. benutzt man in Schellack getränkte Watteballen.

Schellackpolituren ermöglichen die brillantesten Oberflächen überhaupt. Deshalb ist hier die Vorbehandlung des Holzes eminent wichtig. Wie schon an anderer Stelle erwähnt, bestimmt die Qualität der Vorbehandlung stets das Endergebnis maßgeblich.

Es heißt also: sorgfältig schleifen, wässern und wieder schleifen. Gebeizte

---

Rezept für Schellackpolitur

100 g Rohschellack mit 1 l Äthylalkohol übergießen und einige Tage stehenlassen. Eventuelle Verunreinigungen nach vollständiger Auflösung sorgfältig abgießen.

Zur Verarbeitung wird die Schellackpolitur je nach Poliergang mit Alkohol verdünnt.

Fachleute bevorzugen Polituren, die mindestens 3 bis 4 Monate gestanden haben.

Hölzer müssen eventuell ein weiteres Mal mit feinstem Papier geschliffen werden, falls die Fasern durch Wasserbeizen erneut aufgequollen sind.

Auch muß das Holz vollständig trocken sein. Überschüssige Holzfeuchte würde sonst später den Lack vergrauen lassen.

Eine echte Schellack-Handpolitur herzustellen, ist sicher keine Aufgabe, die ein Heimwerker nach der Lektüre einer kurzen Anleitung lösen kann. Zumindest wird er auf Anhieb keine Oberflächenqualität erzielen, die der Arbeit eines Profis nahekommt.

Aber bei Schellackpolituren kommt es in erster Linie auf sorgfältiges Arbeiten an und darauf, daß man sich wirklich die Mühe macht, den Lack Schicht um Schicht vorschriftsmäßig aufzubauen. Mit ein wenig Übung und Geduld wird man nach ein paar Probestücken durchaus in der Lage sein, ein sehenswertes Ergebnis zu schaffen.

Zunächst wird die sauber vorbehandelte Oberfläche mit stark verdünnter Schellackpolitur (10%ig) ein- bis zweimal eingelassen. Nach dem Trocknen jeweils mit feinem Schmirgelpapier schleifen.

Anschließend erfolgt das Grundpolieren. Wiederum wird verdünnte Politur benutzt und der Ballen immer nur mäßig angefeuchtet. Das Ziel ist es, die Poren des Holzes zu füllen, damit die Oberfläche anschließend völlig glatt wird.

Der Fachmann setzt beim Grundpolieren nach und nach ein wenig Bimsmehl zu, das sich in Verbindung mit der Politur als Füller in die Poren setzt. Der Ballen wird stets mit ineinandergehenden Rundbewegungen oder Bewegungen in Achter-

21

34

form über die Oberfläche geführt. Der Druck auf den Ballen steigert sich mit abnehmender Feuchtigkeit.

Für den Anfänger empfiehlt es sich, in dieser Phase mehrere Schichten übereinanderzulegen und jeweils mit feinem Papier zwischenzuschleifen. So füllen sich die Poren und die Oberfläche erreicht schließlich ein einheitliches Niveau. Nun geht es ans Deckpolieren – 21 –. Dabei wird der eigentliche Schellacküberzug aufs Holz gebracht, indem die Politur nach und nach immer weniger verdünnt wird. Nach wie vor gilt: möglichst viele dünne Schichten übereinanderlegen und stets zwischenschleifen. Umso besser wird die Qualität. Statt Schleifpapier empfiehlt es sich jetzt, feinste Stahlwolle zum Zwischenschleifen zu benutzen – 22 –. Bei sorgfältiger Arbeit wird das Werkstück nun bereits eine exzellente Oberfläche aufweisen. Nachdem die Deckpolitur 60 bis 80 Stunden durchgetrocknet ist, erfolgt aber noch die letzte Feinarbeit: das Auspolieren.

Mit einem neuen Ballen, der mit wenigen Tropfen Alkohol getränkt ist, gibt man der Politur den letzten Schliff. Zuviel Alkohol würde die schon aufgetragene Politur wieder anlösen. Es sollen aber nur die letzten Unregelmäßigkeiten entfernt werden, bis die Oberfläche in Hochglanz erstrahlt. Dabei erst in Achterbewegungen arbeiten. Zum Schluß mit fast trockenem Ballen in parallelen Zügen auspolieren.

_____ 22 _____

Naturharzlacke

Leinöl-Lackfarben bilden, wie bereits angesprochen, einen sehr elastischen und dabei atmungsaktiven Überzug, sind aber weniger belastbar und abriebfest als Kunstharzlacke. Robustere Lacke auf Leinölbasis werden durch die Zugabe von Naturharzen erreicht.

Obwohl Naturharzlacke nicht selbst angemischt werden können, sollen sie als wichtige Vertreter der Naturfarben hier nicht unerwähnt bleiben. Die Naturfarbenhersteller bieten verschiedene Naturharzlacke an, auf die der umweltbewußte Heimwerker zurückgreifen kann.

Die Naturharze wirken wie die Ölbestandteile des Lacks als Bindemittel. Sie werden größtenteils durch Anritzen von Baumrinden bei Kiefern, Pinien usw. gewonnen.

Es gibt auch fossile Naturharze, die aus den entsprechenden Bäumen stammen, die vor Jahrtausenden zur Vegetation unserer Erde gehörten. Sie haben sich in dieser Zeit durch physikalische Einflüsse chemisch verändert. Der Bernstein stellt wohl die bekannteste Form fossilen Harzes dar.

Noch heute wird aus Bernstein Lack hergestellt. Beim Braunkohlentagebau in Sachsen beispielsweise fallen größere Mengen Bernstein an, die nicht zur Schmuckherstellung verwendet werden können. Dieses Rohmaterial wird in Spezialverfahren verkocht und bildet schließlich mit Citrusterpenen als Lösemittel einen Lack von goldgelber Farbe und hervorragender Qualität.

Die Naturfarbenhersteller bieten sowohl klare Naturharzlacke als auch mit Pigmenten angereicherte Decklacke in verschiedensten Farben an. Aufgrund ihrer höheren Belastbarkeit und Witterungsbeständigkeit sind sie durchweg auch für den Außenbereich geeignet. Beachten Sie dazu aber die Hinweise der Hersteller.

Da keine giftigen Bestandteile enthalten sind, können auf jeden Fall alle Naturharzlacke auch im Innenbereich verwendet werden.

Bei der Verarbeitung gelten im Prinzip die gleichen Regeln, die wir schon bei den Leinöl-Lackfarben kennengelernt haben. Da die öligen Bestandteile durch Verbindung mit dem Luftsauerstoff trocknen, muß der Lack in mehreren dünnen Schichten aufgetragen werden, die jeweils etwa einen Tag zum Durchtrocknen brauchen. Wer den Lack zu dick aufträgt und zwischen den Schichten nicht lange genug wartet, wird einen runzligen und klebrigen Anstrich erzielen.

Naturharzlacke sind auch bei Bewitterung relativ widerstandsfähig. Sie sind elastischer als Kunstharzlacke und neigen daher weniger zum Abplatzen. Nötige Renovierungsanstriche alter Naturharzlacke erfordern weniger Vorarbeiten, weil der alte Lack in der Regel noch fest auf dem Untergrund haftet.

Beim Prozeß der Verwitterung einer Lackschicht lösen sich zuerst die Bindemittel auf. Der Lack wird stumpf. Die nun lose auf der Oberfläche sitzenden Pigmente lassen sich abreiben.

Wenn in diesem Stadium der Lack noch an keiner Stelle abgeplatzt oder bis aufs Holz abgerieben ist, genügt es, den Untergrund zu reinigen und anzuschleifen, um eine neue Deckschicht aufzubauen.

Neben den deckenden Naturharzlacken gibt es auch Lasuren, die zwar mit Pigmenten angereichert sind, aber die Holzstruktur noch durchscheinen lassen. Bei der Behandlung von Hölzern im Außenbereich muß immer daran gedacht werden, daß die Pigmentierung vor dem für Zellwände des Holzes schädlichen UV-Licht schützt. Schwach pigmentierte Lasuren sind deshalb eher für den Innenbereich gedacht.

Unter Beizen versteht man die farbliche Gestaltung von Holzoberflächen durch chemische Vorgänge oder durch das Aufbringen von gelösten Pigmenten. In alten Fachbüchern wird lediglich das chemische Behandeln des Holzes als Beizen bezeichnet. Werden dagegen Farbteilchen aufs Holz gebracht, spricht man dort von Färben. Heute ist allerdings die übergreifende Bezeichnung Beizen für beide Techniken üblich. Wir wollen sie deshalb auch hier gemeinsam für beide Bereiche verwenden.

Sind die Pigmente in Wasser gelöst, handelt es sich um Wasserbeizen. Bei

23

Lösemittelbeizen erfüllen beispielsweise Spiritus oder Balsamterpentinöl diese Funktion.

24

_____ 25 _____

Die chemischen Beizen werden in zwei unterschiedlichen Arbeitsgängen (Vorbeize und Nachbeize) aufgebracht, wobei sich die Färbung oft erst nach längerer Einwirkungszeit der Nachbeize ergibt. Chemische Beizen weisen zum Teil giftige Inhaltsstoffe auf.

Die im Handel erhältlichen Wasserbeizen und Lösungsmittelbeizen enthalten synthetische Pigmente, die unter Umständen gesundheitsbedenklich sind und meist eine recht grelle Farbwirkung entwickeln.

Es gibt aber die Möglichkeit, selbst Beizen mit den verschiedensten natürlichen Farbstoffen herzustellen, die völlig ungefährlich sind und sich durch ihre zarten und warmen Töne auszeichnen. Weil die natürlichen Pigmente lichtempfindlich sind, kann man sie allerdings nur für Holz in Innenräumen anwenden.

_____ *Rindenbeizen* _____

Die meisten Baumrinden enthalten Farbstoffe, die sich mit Wasser oder Sodalösung auskochen lassen – **23** –. Eine Auswahl an Rinden, mit denen man arbeiten kann, zeigt Bild – **24** –. Oben links Kirsche, rechts Kiefer, unten links Apfel, rechts Buche.

_____ 26 _____

27

28

Die meisten Rinden ergeben sehr leichte, bräunliche Beiztöne. Pappel, Kirsche und Birke wirken eher gelblich.

Die Arbeit mit Rindenbeizen ist ein Feld zum Experimentieren. Die besten Ergebnisse erzielt man, wenn die Rinden mit 5 - 10%iger Sodalösung über mehrere Stunden ausgekocht werden. Dann die Lösung durch ein sauberes Tuch gießen. Die Farbintensität wird ein wenig stärker, wenn der Sud für einige Tage steht und dann erneut aufgekocht wird.

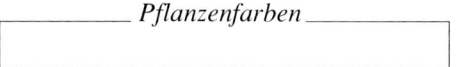

Pflanzenfarben

Viele Pflanzenfarben werden schon seit jeher zum Herstellen von Beizen oder zum Färben von Wolle und Stoff benutzt. Eine kleine Auswahl sehen Sie auf Bild – **25** –. Oben links Sandelholz, rechts Fernambukholz, in der Mitte Birkenblätter, unten links Krappwurzel, rechts Ratanhia.

Mit verschiedenen Pflanzenfarben lassen sich recht intensive Töne erzielen, die aber nicht mit Beizen vergleichbar sind, die synthetische Pigmente enthalten. Meist wird man sich mit leichten Tönungen begnügen müssen, die aber die Wirkung des Holzes sehr schön unterstützen.

Braune Färbungen liefern frische oder getrocknete Walnußschalen, die man in Sodalösung auskocht. Gleiches gilt für Katechu, einem Extrakt aus dem Holz der Gerberakazie. Gut geeignet ist auch Kaffee oder Zichorienwurzel, ebenfalls in Sodalösung oder Wasser auszukochen.

Gelbe Töne sind mit einer Beize möglich, die man mit Sodalösung aus der Färberdistel extrahiert. Gelblich bis rosa färbt das Wasser, in dem Zwiebelschalen ausgekocht wurden.

Rote Beizen gewinnt man durch Extrahieren mit Spiritus aus Sandelholz, Krappwurzel, Ratanhiawurz, Alkanna oder Fernambukholz. Ebenso aus Cochenille (Farbstoff der Cochenillelaus), das man mit Sodalösung übergießt und einige Tage ziehen läßt.

Wie auch beim Arbeiten mit Rindenbeizen muß man mit Pflanzenfarben seine Erfahrungen machen, indem man experimentiert. Ob die Rohstoffe mit Wasser oder Sodalösung angesetzt, ausgekocht oder mit Spiritus oder anderen Lösemitteln extrahiert werden - meist gibt es verschiedene Möglichkeiten, die zu unterschiedlichen Ergebnissen führen.

Wer auf diesem Gebiet weitere Anleitungen sucht, sollte die Literatur zum Thema Färben von Textilien zu Rate ziehen.

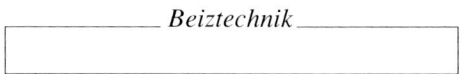

Beiztechnik

Wie bei allen Oberflächenbehandlungen ist das Holz zunächst gründlich zu schleifen und zu entstauben. Damit die Aufnahme der Beize gleichmäßig erfolgt, müssen insbesondere Harz- oder Fettflecke beseitigt werden (s. S. 43).

Da man gerade bei selbst angesetzten Beizen einen einmal erzielten Farbton kaum ein zweites Mal erreichen kann, mischt man lieber etwas zuviel als zuwenig an. Wer häufig experimentiert, führt am besten exakt Buch über seine persönlichen Mischungen.

Ist die Beize vorbereitet, zum Beispiel mit Spiritus aus Sandelholz extrahiert – **26** –, wird sie zügig mit einem breiten Pinsel in Faserrichtung aufgetragen – **27** –.

Man muß immer naß in naß arbeiten. Trocknet nämlich eine Stelle der Oberfläche an und wird dann nochmals überstrichen, lagert sich dort eine zweite Pigmentschicht auf. Unterschiedlich intensive Färbung ist die Folge. Es darf auch keine überschüssige Flüssigkeit auf der Oberfläche stehenbleiben. Deshalb vor dem Antrocknen mit einem nicht fusselnden Lappen abwischen – **28** –.

Umweltschonend restaurieren

Abbeizen

Wer hat nicht auch schon einmal vorgehabt, einem alten, durch viele Farbschichten verunstalteten Möbelstück zu neuem Glanz zu verhelfen? Oft verbirgt sich, wie bei unserem in die Ecke geworfenen Wandschränkchen – *29* –, unter dem häßlichen Lack ein ganz ansehnliches Stück. Also ran ans Werk!

Zuerst heißt es, das Holz von dem alten Lack befreien. Im Handel gibt es zu diesem Zweck chemische Abbeizmittel, die zwar recht gut funktionieren, oft aber auch hochgiftige Betandteile enthalten. Das alte Lied. Gibt es also auch eine sanftere Tour, dem Lack zu Leibe zu rücken?

Sanfter als mit der chemischen Keule gekaufter Abbeizmittel geht es schon, doch eine gewisse Belastung läßt sich sich auch durch alternative Methoden kaum vermeiden.

Zur Grobarbeit leistet eine Heißluftpistole hervorragende Dienste – *30* –. Der heiße Luftstrom weicht auch dickste Lackschichten auf, so daß man sie mit dem Spachtel abtragen kann. Weil dabei giftige Dämpfe entstehen können, stets gut lüften oder noch besser im Freien arbeiten.

Verbleibende Farbreste können oft mechanisch entfernt werden, durch Schleifen, Hobeln, Abziehen mit speziellen Abziehklingen. Wenn Schleifstaub entsteht, eine Atemschutzmaske tragen bzw. elektrische Geräte mit integrierter Staubabsaugung benutzen. Abgetragener alter Lack gehört selbstverständlich in den Sondermüll.

Bleiben noch immer Farbreste übrig, die das gute Möbelstück verunzieren, versucht man sein Glück mit vergleichsweise harmlosen Chemikalien. Alte Ölfarben lassen sich mit Salmiakgeist auflösen, Schellacke mit einem Gemisch aus Spiritus und Salmiakgeist. Manchen Anstrichen setzt auch Sodalösung zu.

Ein in den meisten Fällen recht wirksames Mittel – *31* – ist Natronlauge aus

_____ 29 _____

30

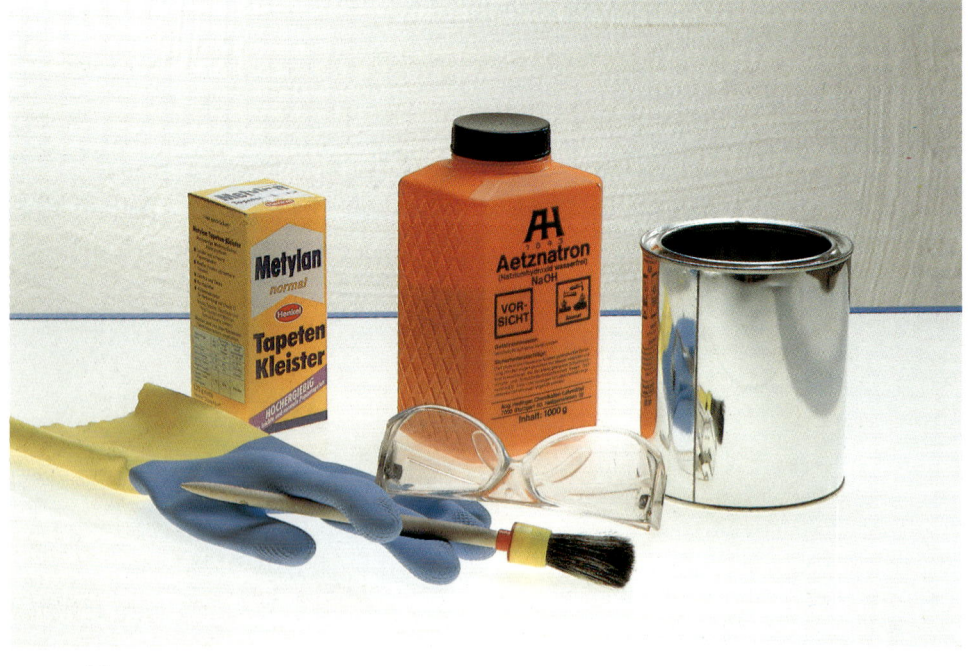

31

Natriumhydroxid, die man selbst anmischt. Die weißen Kügelchen, auch Ätznatron genannt, sind in jeder Apotheke zu bekommen. Man gibt 50 - 100 g Ätznatron in 1 l Wasser. Niemals Wasser auf das Natron geben: Spritzgefahr!

Die entstehende Lauge ist stark ätzend. Deshalb Schutzbrille und Gummihandschuhe tragen. Da die Mischung warm wird. wenn sich die Kügelchen im Wasser auflösen, am besten ein Blechgefäß verwenden.

Damit sich die agressive Lauge auch an senkrechten Flächen gut auftragen läßt, wird Kartoffelstärke oder Kleister beigegeben, um die Mischung dickflüssig zu machen.

Die Natronlauge mit einem Pinsel auftragen – 32 –, den alten Anstrich abspachteln, wenn er sich aufgelöst hat, und danach das Holz unter fließendem Wasser mit einer kräftigen Wurzelbürste abwaschen. Um letzte Laugenreste auf dem Holz zu neutralisieren, wird zum Schluß mit verdünnter Essigsäure nachgewaschen.

Noch einmal der Hinweis: alle Farbreste und Reste von Abbeizern gehören in den Sondermüll!

Oberflächenbehandlung

Manchmal weisen Holzoberflächen Harzflecke auf, an denen keine Beize aufgenommen wird. Mit Kernseife oder spezieller Holzseife (Fachhandel) lassen sie sich auflösen. Das gleiche gilt für Öl- oder Fettflecke auf Holz. Nur bei mineralischen Ölen und Fetten müssen Lösungsmittel her.

Die sicherlich wichtigste Vorbehandlung des Holzes ist das Schleifen. Sind alle Lackschichten restlos entfernt, Flecke beseitigt und etwaige Löcher mit farblich passendem Holzkitt ausgebessert,

kommt der Schleifklotz zum Einsatz. Er besteht aus Kork und wird mit dem Schleifpapier umwickelt.

Man schleift unter leichtem Druck mit gleichmäßigen Bewegungen in Faserrichtung – 33 –. Nacheinander werden Papiere immer feinerer Körnung benutzt. Von grob (Korn 40 – 80) über fein (Korn 100 – 180) bis zu ganz fein (Korn 220 und höher). Nur mit dem allerfeinsten Korn darf man auch gegen die Faserrichtung schleifen. Zum Schluß wird der Schleifstaub sorgfältig abgebürstet.

Wässern des Holzes zwischen den Schleifgängen mit einem feuchten Schwamm läßt die Fasern quellen und verhindert so, daß beim nachträglichen Auftragen von Wasserbeizen die Oberfläche wieder rauh wird.

Wir haben uns bei bei dem aus dem Dornröschenschlaf erweckten Wandschränkchen für eine Behandlung mit Bienenwachsbalsam entschieden.

Nachdem das Holz mit Halböl (siehe Seite 27) vorbehandelt wurde, reibt man das Wachs ein – 34 –. Sorgfältiges Auspolieren mit einer Bürste – 35 – verleiht der Oberfläche erst den für Wachsbehandlungen typischen seidigen Glanz. Wie das Endergebnis beweist – 36 –, hat sich die Mühe gelohnt.

_____ 32 _____

———— 33 ————————

———— 34 ————————

———— 35 ————————

Leinölkitt

Im Kapitel "Holzveredelung mit Naturfarben" haben wir erfahren, daß Leinöl bzw. Leinölfirnis die Grundlage fast aller Naturfarben darstellt.

Leinölfirnis benötigt man ebenfalls zur Herstellung eines Produkts, das heute durch die moderne Fenstertechnik immer weniger Verwendung findet: Leinölkitt.

Die oliv-braune Masse ist nichts anderes als eine Mischung aus Leinölfirnis und Kreide *– 37 –*.

Wer Leinölkitt selbst herstellen will, gießt Leinölfirnis in ein Gefäß und streut durch ein Sieb klümpchenfreie Kreide solange ein, bis eine zähe, knetbare Masse entstanden ist.

38

Das klassische Einkitten von Fenster-scheiben gehört seit der Ära der mehr-scheibigen Isolierglasfenster weitgehend der Vergangenheit an. Silikondichtungs-massen und Gummiprofile übernehmen die Funktion, die früher der Fensterkitt erfüllte.

Teilweise werden aber auch heute wieder Fenster im alten Stil gebaut. Kasten-fenster beispielsweise bieten ähnliche Dämmwerte wie Isolierglasfenster.

Wer gut erhaltene Fenster eines alten Hauses restaurieren will, wird mit Sicherheit Kittstellen ausbessern müs-sen. Mit einem Stecheisen entfernt man alle losen Kittstücke sorgfältig – *38* –. Dann wird der Fensterfalz im Repara-turbereich mit Leinölfirnis grundiert und der neue Kitt mit einem speziellen Kittmesser oder wiederum mit dem

———— *37* ————

Stecheisen aufgetragen – *39* –. Mit Leinölkitt lassen sich darüberhinaus auch Löcher und Fehlstellen in Holzober-flächen ausspachteln, ehe man lackiert.

———— *39* ————

Kasein-Leim

Heute gebräuchliche Leime

Ein Produkt, mit dem der Heimwerker fast ständig umgeht, ist der Holzleim. Sowohl im Handwerk wie in der häuslichen Heimwerkstatt wird heute fast ausschließlich mit Dispersionsleimen gearbeitet, die man als Weißleime bezeichnet.

Von Dispersionen spricht der Fachmann, wenn sich bestimmte chemische Substanzen in feinster Verteilung in einer Flüssigkeit befinden, sich nicht absetzen oder entmischen, dabei aber nicht gelöst sind.

Im Fall der handelsüblichen Weißleime handelt es sich um den Stoff Polyvinylacetat in Wasser. Dieser Stoff ist ungiftig, allerdings biologisch schwer abbaubar. Durch bestimmte Zusätze werden Dispersionsleime wasserfest

____ 40 ____

oder binden als sogenannte Expreß-Leime in besonders kurzer Zeit ab.

Im professionellen Bereich werden auch Reaktionsleime verarbeitet, die man aus zwei Komponenten zusammenmischt, die dann chemisch miteinander reagieren. Dabei entstehen hochbelastbare und wasserfeste Verleimungen. Reaktionsleime enthalten jedoch teilweise giftige Substanzen.

Uralte Rezepturen

Bevor es die heute üblichen Dispersionsleime gab, hat man hauptsächlich mit Knochenleimen und Kasein-Leimen gearbeitet.

Knochenleim wird duch Auskochen von Knochen und Tierhäuten gewonnen. Er muß heiß verarbeitet werden. Früher stand in jeder Schreinerei der Topf mit dem Knochenleim auf dem Ofen. Die Verleimungen damit erreichten sehr gute Festigkeiten.

Ein anderer Leim, nämlich Kasein-Leim, der aus Magerquark und Kalk angemischt wird, war schon bei den Möbeltischlern im alten Ägypten und China bekannt. Bis hin zum Anfang unseres Jahrhunderts war Kasein-Leim in allen Tischlerwerkstätten gebräuchlich.

Kasein ist ein natürlicher Bestandteil der Milch. Mit Lab fällt man in der Molkerei

das Kasein aus der Magermilch aus. Magerquark entsteht. Nach unserer Käseverordnung hat Magerquark einen Kaseingehalt von 11%. Im Kasein sind über zwanzig verschiedene Aminosäuren enthalten. Mit reinem Kasein kann man aber noch keine Verleimung herstellen.

Ein Leim entsteht erst, wenn man dem Magerquark Kalk zusetzt. Dabei wird das Kasein im Quark aufgeschlossen und anders vernetzt. Das einfachste Rezept für einen Kalk-Kasein-Leim – 40 –: Magerquark mit 20% gelöschtem Kalk vermischen. Dieser Leim läßt sich wie jeder Weißleim verarbeiten: mit dem Pinsel auftragen und die Holzteile mit Zwingen zusammenpressen – 41 –, bis der Leim abgebunden hat. Die Preßzeit sollte zwei Stunden betragen. Danach bindet der Leim noch weiter ab, darf deshalb noch nicht voll belastet werden.

Die Endfestigkeit einer Verleimung mit Kalk-Kasein-Leim steht der einer Verleimung mit modernem Dispersionsleim kaum nach. Immerhin hat man mit Kasein-Leim noch in den 20er Jahren Sperrholz für Flugzeuge verleimt.

Wesentlicher Nachteil des selbst angemischten Kalk-Kasein-Leims: er ist nicht haltbar. Man muß sich seinen Bedarf jeden Tag wieder frisch anmischen. Die Reste können allerdings bedenkenlos auf den Kompost geworfen werden.

Verschiedene Naturfarbenhersteller bieten Kasein-Leime in getrockneter Form als Pulver an. Das Konzentrat wird nach Bedarf mit Wasser angemischt. So hat man den Vorteil einer exakt abgestimmten Mischung, die auch in kleinsten Mengen zubereitet werden kann.

Pinselpflege

Um gute Arbeitsergebnisse zu erzielen, ist die Verwendung erstklassigen Werkzeugs ebenso wichtig wie die erforderliche Sorgfalt. Bei Pinseln gibt es gewaltige Qualitätsunterschiede, die sich natürlich im Preis niederschlagen. Deshalb will man teure Pinsel nach dem Gebrauch so reinigen und aufbewahren, daß sie beim nächsten Einsatz wieder die gleichen Ergenisse ermöglichen.

Neue Pinsel, mit denen Produkte auf Leinölbasis verarbeitet werden sollen, kann man vor dem ersten Gebrauch ein paar Stunden in Leinöl tauchen, um sie besonders geschmeidig zu machen.

Da Anstriche mit Ölfarben sogfältig in mehreren Schichten aufgebaut werden sollen, muß man die Arbeit jeweils für einen oder zwei Tage unterbrechen. Damit die verwendeten Pinsel währendessen nicht hart werden, umwickelt man sie mit Alufolie oder steckt sie in eine kleine Plastiktüte, die man mit Gummi fest verschließt. So spart man sich das häufige Reinigen in Lösemitteln.

Im Kapitel "Lösemittel" (Seiten 22-23) wurde bereits die Gefährlichkeit der meisten synthetischen Lösemittel angesprochen. Viele Heimwerker, die Wert auf gutes und gepflegtes Werkzeug legen, reinigen ihre Pinsel ausgiebig mit den sogenannten Universalverdünnern oder speziellen, zur Pinselreinigung angebotenen Flüssigkeiten. Sie atmen dabei teilweise hochgiftige Substanzen ein und nehmen es leider häufig mit der Entsorgung der Verdünnerreste nicht so genau. Wenn schon Lösemittel nötig sind, sollten die natürlichen Mittel wie Balsamterpentinöl oder Alkohol verwendet werden.

Naturfarbenhersteller bieten Reinigungsemulsionen an, deren Anwendung ungefährlich ist. Vielfach ist es aber nicht möglich, die Pinsel damit restlos sauber zu bekommen. Werden beim nächsten Einsatz dann hellere Farben verstrichen, besteht die Gefahr, daß sich dunkle Pigmente aus dem Pinsel lösen und die ganze Arbeit verderben.

Es ist daher zu überlegen, ob man nicht von Fall zu Fall doch einen preiswerteren Pinsel benutzt, der nach Gebrauch weggeworfen werden kann, statt ihn aufwendig unter Benutzung größerer Mengen Lösemitteln wieder vollständig zu reinigen.

Am umweltfreundlichsten ist es, wenn man gebrauchte Pinsel ohne Verwendung von Lösemitteln mit warmer Kernseifen- oder Schmierseifenlösung wieder sauber bekommt *– 42 –*. Anschließend die Pinsel an der Luft gut austrocknen lassen.

Meist haben die Borsten beim Gebrauch und beim Reinigen ihre ursprüngliche Form eingebüßt. Dies würde die Qualität des nächsten Anstrichs beeinträchtigen. Deshalb streicht man die sauberen Pinsel mit Schmierseife ein, bis sie wieder schön glatt sind *– 43 –*, und bewahrt sie so auf, daß die Borsten nicht gestaucht werden. Vor dem nächsten Gebrauch dann einfach mit warmem Wasser auswaschen.

42

43

Naturfarben für Wände und Decken

_____ 44 _____

Altbewährtes neu entdeckt

Wand- und Deckenfarben, wie sie der Handel heute anbietet, stellen fast ausschließlich Kunststoffdispersionen dar. Die Bestandteile sind also nicht im Wasser gelöst, sondern schwimmen darin in feinster Verteilung ohne sich abzusetzen oder zu entmischen.

Die Bindemittel sind in erster Linie Acrylharze. Bei den sogenannten Latexfarben sind es Harze auf Styrolbasis. Diese modernen Farben lassen sich gut verarbeiten, haben eine hohe Deckkraft, sind wisch- und scheuerbeständig. Aber sie bringen uns teilweise auch gefährliche Stoffe ins Haus. Wie alle wässrigen Anstriche müssen sie durch Topfkonservierer haltbar gemacht werden. Latexfaben können hochgiftiges Styrol ausdünsten. Oftmals sind Lösemittel, Formaldehyd, Fungizide und auch bedenkliche Farbpigmente enthalten.

Darüber hinaus wird bei den hohen Kunststoffanteilen der Farben die Atmunsaktivität der Wände verringert. Die Regulierung der Luftfeuchtigkeit in unseren Wohnräumen ist dann eingeschränkt.

Welche Alternativen gibt es zur chemischen Befrachtung unserer Wände und Decken? Nach überlieferten Rezepten aus ungiftigen Stoffen hergestellte Farben haben dafür gesorgt, daß die Fassaden historischer Häuser – **44** – Jahrhunderte überdauert haben. Diese Rezepte sind teilweise recht einfach nachzuvollziehen. Zudem bieten die Naturfarbenhersteller heute auch unbedenkliche fertige Farben an, mit denen Innenräume wie Fassaden hochwertig geschützt und veredelt werden können. Dabei ist jeder Farbton auch für stilgerechte Renovierungen – **45** – möglich.

_44_

_____ 46 _____

Kalkanstrich

Der wohl einfachste Anstrich für Wände und Decken, der in vielen Fällen völlig ausreicht, ist ein Kalkanstrich. Bei jedem Baustoffhändler gibt's gelöschten Kalk (Weißkalk) für ein paar Mark pro Sack.
Da Kalk gleichzeitig Bindemittel und Farbpigment ist, wird er ganz einfach in Wasser aufgelöst – **48** – und als Kalkmilch mit Pinsel, Quast oder Rolle aufgetragen – **47** –. Leichtes Abtönen mit bis zu 10% Pigmenten ist möglich.
Alte Kalkanstriche müssen je nach Schichtdicke abgewaschen werden. Alle Kalk-, Zement- oder Kalk-Zement-Putze sind als Untergrund geeignet.

Man trägt die gründlich aufgerührte Kalkmilch dünn auf. Vorsicht vor Kalkspritzern in die Augen. Der Kalk verbindet sich mit dem in der Luft enthaltenen Kohlendioxid und härtet aus.
Um eine ausreichende Deckkraft zu erzielen, sind mindestens zwei Anstriche erforderlich. Erst nach dem völligen Austrocknen wird die Kalkfarbe strahlend weiß.
Außen ist ein Kalkanstrich nur dort zu empfehlen, wo er nicht unmittelbar dem Wetter ausgesetzt ist.
Ideal ist Kalkfarbe für Keller- und Lagerräume sowie Tierstallungen. Bei letzteren ist es ein zusätzlicher Vorteil, daß der Kalk desinfizierend wirkt.
Durch Zugabe von Kasein oder Leinölfirnis läßt sich die Qualität eines Kalkanstrichs verbessern.

_47_

Leimfarbe

Leimfarben gehören seit jeher zu den bekanntesten Wand- und Deckenfarben. Sie sind einfach zu verarbeiten, sehr preiswert und baubiologisch empfehlenswert. Anstriche mit Leimfarben sind nämlich gut diffusionsfähig, das heißt atmungsaktiv. Sie nehmen überschüssige Luftfeuchtigkeit auf, geben sie später wieder ab und regulieren so das Raumklima.

Anstriche mit Leimfarbe ergeben eine wischfeste, jedoch nicht waschfeste Oberfläche. Wasser löst die Farbe an. Daher ist sie auch nur für Innenräume geeignet.

Heute werden die traditionellen Leimfarben nicht mehr sehr häufig angewendet, weil sie bei ansonsten guten Eigenschaften einen praktischen Nachteil haben: sie können nicht mit anderen Farben überstrichen werden, und vor jedem Neuanstrich muß man sie sorgfältig abwaschen.

Pulverförmige Leimfarben, die man mit der angegebenen Menge Wasser anmischen und quellen lassen muß, sind nur noch vereinzelt im normalen Handel zu bekommen. Allerdings haben in den letzten Jahren die Naturfarbenhersteller dieses Produkt wiederentdeckt und bieten jetzt entsprechende Trockenmischungen an.

Mit Pigmenten, die man einsumpft und dann hinzufügt, oder mit fertigen Abtönfarben lassen sich diese Leimfarben nach Geschmack tönen.

Eine qualitativ gleichwertige Leimfarbe läßt sich auch sehr leicht selbst herstellen – *48* –. Methylcellulose, die wir als Farbenleim im Fachhandel bekommen und aus der auch der normale Tapetenkleister besteht, bildet als Bindemittel die Grundlage jeder Leimfarbe.

Der Leim wird nach Anleitung auf der Packung angerührt, nach 30 Minuten noch einmal kräftig durchgeschlagen und muß dann über Nacht quellen.

Als Farb- sowie Füllstoff dient Kreide, die man über Nacht einsumpft. Dazu Französische Champagnekreide pro Kilo mit etwa einem halben Liter Wasser übergießen und erst am nächsten Tag gut durchrühren. Um die Deckkraft zu erhöhen und das Weiß heller zu machen, kann man die Kreide bis zu 50% durch Titandioxid ersetzen. Dann aber nach Möglichkeit nur Titandioxid verwenden, bei dessen Produktion durch Recyclingverfahren der sonst übliche Anfall von Dünnsäure vermieden wird (siehe Seite 32).

Leim und Farbbrei werden im Verhältnis von etwa 3 zu 1 gut miteinander verrührt. Bei weniger Leim verliert die Farbe ihre Wischfestigkeit (bei Deckenanstrichen auch nicht erforderlich). Bei mehr Leim kann der Anstrich glänzend oder gar rissig werden. Am besten durch einen Probeanstrich testen. Häufig wird die volle Deckkraft erst erreicht, wenn man mit einer Mischung mit höherem Farbanteil grundiert.

48

Kalk-Kasein-Farbe

_____ 49 _____

Wie wir bereits im Kapitel "Kasein-Leim" erfahren haben, bildet das in Magerquark enthaltene Kasein ein hervorragendes Bindemittel, wenn man es mit Kalk aufschließt.

Der so entstehende Kasein-Leim ist ein weit höher belastbares Bindemittel als der Zelluloseleim in der Leimfarbe. Kasein-Farben sind sogar wasserfest, damit auch für Außenanstriche geeignet, und müssen vor Neuanstrichen nicht abgewaschen werden.

Um eine Kalk-Kasein-Farbe herzustellen, mischt man ein Teil Kalkhydrat (gelöschter Kalk) mit vier Teilen Magerquark **– 49 –** und erhält so den als Bindemittel dienenden Kasein-Leim.

Der Farbbrei wird am Tag zuvor in gleicher Weise angemischt, wie bei der Leimfarbe beschrieben. Natürlich kann der Farbbrei beliebig durch Zugabe von Pigmenten abgetönt werden. Bei der Auswahl der Pigmente auf toxikologische Unbedenklichkeit achten (siehe auch Seite 30). Die als Abtönpaste bereits in Wasser angerührten Pigmente aus dem Angebot der Naturfarbenhersteller sind garantiert umweltfreundlich und lassen sich klümpchenfrei mit dem Kreidebrei vermischen.

Um die Kalk-Kasein-Farbe gebrauchsfertig zu machen, gibt man 1 Teil Kasein-Leim mit 4 Teilen Farbbrei zusammen und verrührt das Ganze sorgfältig (Bohrmaschine mit Rührquirl). Auch während des Streichens muß immer wieder gründlich aufgerührt werden, da die Farbe sich schnell absetzt. Sie ist nicht lagerfähig und muß in 1 bis 2 Tagen verarbeitet werden.

Kalk-Kasein-Farben haften aufgrund der starken Bindekraft des Kasein-Leims auf nahezu allen Untergründen. Alte Leimfarben müssen natürlich abge-waschen werden. Stark saugende Untergünde wie Gips-, Kalk- oder Lehmputze sollte man grundieren - am besten mit Kasein-Leim, im Verhältnis 1:4 mit Wasser verdünnt.

Damit der Anstrich gut deckt, ist in der Regel auch eine Grundierung mit verdünnter Farbe erforderlich. Die Farbe niemals mit reinem Wasser verdünnen. Stattdessen den verdünnten Kasein-Leim oder Magermilch verwenden.

Von Naturfarbenherstellern gibt es auch fertige Mischungen für Kasein-Farben. "Kreidezeit" (siehe Adressenverzeichnis) bietet eine Kasein-Farbe an, bei der statt Kalk Borax zum Aufschließen des Kaseins benutzt wird. Zusätze von Porzellanerde und Kieselgur sollen das Absetzen der angerührten Farbe verhindern und die Streichfähigkeit verbessern.

Für die "Kreidezeit"-Kasein-Farbe werden 7 kg Farbpulver mit 2,5 l Wasser angerührt, 90 g Borax in heißem Wasser gelöst und mit 2250 g Magerquark vermischt. Leim und Farbbrei nach 2 Stunden zusammengeben und durchrühren.

Zur Erhöhung der Strapazierfähigkeit und Wasserfestigkeit empfiehlt der Hersteller die Zugabe von 0,75 l Leinölfirnis auf 10 l Kasein-Farbe.

Jetzt umdenken

Nach der Lektüre dieses Buches sollte eines klar geworden sein: gerade im Bereich der Farben ist eine Menge Altbewährtes zu Unrecht in die Mottenkiste geworfen worden, sind Produkte der modernen Farbenchemie zu unkritisch bevorzugt worden.

Es gibt natürliche Alternativen zu synthetischen Farben, die den Vergleich nicht scheuen müssen. Manches kann der engagierte Do-it-yourselfer, wie unsere Rezepte gezeigt haben, problemlos selbst anmischen. Daneben bietet das Programm der Naturfarbenhersteller mittlerweile eine runde Produktpalette, die alle wesentlichen Anwendungsbereiche in Haus und Garten abdeckt.

Naturfarben verarbeiten muß nicht heißen, zwischen tristen Wänden zu leben. Bild – *50* – zeigt ein Beispiel dafür, wie mit Naturfarben auch absolut zeitgemäße Wohnraumgestaltung möglich ist.

Das hier vorgetragene Plädoyer für natürliche Farben soll nicht als Ausdruck einer "verbissenen" ökologischen Ideologie verstanden werden, die das vielzitierte "Zurück in die Steinzeit" fordert. Die moderne Chemie soll keineswegs in Bausch und Bogen verteufelt werden. Sie soll aber konsequent und sachlich da kritisiert werden, wo sie in unverantwortlicher Weise Risiken heraufbeschwört und Mensch und Umwelt massiv durch ihre Technik und Produkte gefährdet.

Daneben sollte der Einsatz chemischer Produkte immer dann überprüft werden, wenn sie auch bei relativer Unbedenklichkeit keine entscheidenden Vorteile gegenüber den natürlichen Alternativen bieten.

Daß wir der Entwicklung der Chemie unzählige Errungenschaften zu verdanken haben, ist unbestritten. Es gilt nur vorurteilslos abzuwägen, ob die Nachteile, die man von Fall zu Fall für diese Errungenschaften in Kauf nimmt, nicht manchmal die Vorteile überwiegen.

Spaß am Selbermachen

Die praktischen Erfahrungen und Erfolgserlebnisse, die dieses Buch vermitteln soll, werden hoffentlich dazu führen, daß in Zukunft Spaß am Selbermachen nicht nur heißt: ein Regal selbst bauen, einen Wasserhahn selbst reparieren, eine Vase töpfern. Auch das Mischen von Farben und Beizen, das Experimentieren und Gestalten mit Rohstoffen der Farbenherstellung kann kreativen Freizeitspaß bedeuten.

Überall da, wo die eigenen fachlichen Kenntnisse nicht ausreichen oder rein praktische Gesichtspunkte dem Selbermachen entgegenstehen, sollten fertig gekaufte Produkte den Vorzug bekommen.

So wie man sich als Heimwerker nicht an jedes schwierige Möbelstück heranwagt, so sollte man auch beim Thema Farbenmischen seine Grenzen sehen. Spaß an der eigenen Arbeit sollte nicht durch erhebliche Mängel am Ergebnis der Eigenleistung erkauft werden.

Naturfarbenhersteller

Wenn für ein bestimmtes Einsatzgebiet eine hochwertige Farbe gebraucht wird, die der Do-it-yourselfer sich nicht selbst anmischen kann, findet er im Angebot der Naturfarbenhersteller heute mit Sicherheit ein geeignetes Produkt.
Da diese Hersteller von verschiedenen Seiten überaus kritisch ins Visier genom-

men wurden, sind die führenden Vertreter der Branche mit einer beispielhaften Aktion in die Offensive gegangen.

Im Jahre 1987 wurde die Arbeitsgemeinschaft Naturfarben (AGN) gegründet. Da man bei den Erzeugnissen der chemischen Industrie stets gefährliche Inhaltsstoffe angeprangert hatte und darüberhinaus beklagt hatte, daß man meist überhaupt nicht wisse, was sich alles in den Farbtöpfen befände, ist man selbst den Weg der konsequenten Offenheit gegangen.

Gemeinsam geben die Mitgliedsfirmen der AGN eine vollständige Stoffliste ihrer Produkte heraus. Diese "Gläserne Rezeptkartei" beinhaltet sämtliche verwendeten Rohstoffe mit Erläuterungen, nennt ihren Einsatzbereich, informiert über eine Code-Nummer, in welchem Produkt jene Rohstoffe prozentual enthalten sind.

Diese Aktion ist bemerkenswert. Viele andere Hersteller würden sich ja allein aus Konkurrenzgründen weigern, ihre Karten offenzulegen. Man beschränkt sich darauf, allenfalls eine Negativdeklaration vorzunehmen. Doch die Information, ein Produkt sei "Garantiert frei von ..." hilft dem Verbraucher wenig, solange fast 100.000 Chemikalien industriell verarbeitet werden.

In den Qualitätsrichtlinien der Naturfarbenhersteller denkt man über die reinen Rezepturen hinaus auch im ökologischen Zusammenhang. Man propagiert ein umwelt- und gesundheitsverpflichtetes Handeln von " ...der Gewinnung der Rohstoffe über deren Verarbeitung, den entstehenden Abfall, die Verpackung, den Vertrieb, die Verarbeitung und auch den schließlichen Verbleib im Ökosystem ...".

Bleibt der Wunsch, daß umweltorientiertes Handeln als Qualitätskriterium noch weitgehendere Anerkennung finden möge, damit sich ein Konkurrenzkampf entwickelt, der von diesem Streben bestimmt ist.

Anhang

Literaturauswahl

Arbeitsgemeinschaft Wohnberatung
Holzschutz
Bonn 1989

Böse, Karl-Heinz
Mit Naturfarben streichen
Köln 1986

Häfele, Oed, Sabel
Althaussanierung
Staufen 1988

Katalyse Umweltgruppe (Hrsg.)
Das ökologische Heimwerkerbuch
Reinbek 1989

Rose, Kur
Wohngifte
Frankfurt 1986

Stewen, Raimund
Biologisch renovieren
Köln 1987

Weissenfeld, Peter
Holzschutz ohne Gift?
7. Aufl. Staufen 1988

Adressen

Naturfarbenhersteller

Agathos Waldthausen GmbH
Stendorfer Str.3
2863 Ritterhude

AURO Naturfarben
Postfach 1220
3300 Braunschweig

Beeck'sche Farbwerke (AGLAIA)
Postfach 810224
7000 Stuttgart 80

BIOFA Naturprodukte GmbH
Dobelstraße 22
7325 Boll

Hesedorfer Bio-Holzschutz
Hirtenweg 50
2720 Rotenburg / Wümme

Kreidezeit
Gerd Ziesemann
Beyesberg 8
3201 Sehlem

Livos GmbH & Co KG
Neustädter Str. 23-25
3123 Bodenteich

Loba Bio-Produkte
Postfach 1260
7257 Ditzingen / Stuttgart

Naturhaus
Austraße 11
8200 Rosenheim

Topfkonservierer – 23, 53
Trichtermühle – 29
Trockenstoff – 17

—— *U* ————————————

Universalverdünner – 23
UV-Strahlung – 9

—— *W* ————————————

Walnußschalen – 40
Wasserbeize – 37
Wasserlack – 23
Weißleim – 48

—— *Z* ————————————

Zichorienwurzel – 40
Zwiebelschalen – 40